MÉMOIRE

JUSTIFICATIF

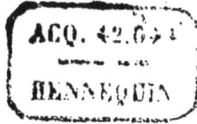

DU DUC DE RAGUSE,

AVEC LA RÉFUTATION.

~~~~

PARIS,

CHEZ LES MARCHANDS DE NOUVEAUTÈS.

29 Avril 1815.

DE L'IMPRIMERIE DE M^mc Ve JEUNEHOMME,

RUE HAUTEFEUILLE, N° 20.

RÉPONSE

DU DUC DE RAGUSE,

A la Proclamation datée du Golfe de Juan,
le 1ᵉʳ Mars 1815.

———

Une accusation odieuse est portée contre moi à la face de l'Europe entière, et quel que soit le caractère de passion et d'invraisemblance qu'elle porte avec elle, mon honneur me force à y répondre. Ce n'est point une justification que je présente ici; je n'en ai pas be-besoin : c'est un exposé fidèle des faits, qui mettra chacun à même de connaître la conduite que j'ai tenue.

Je suis accusé d'avoir livré Paris aux étrangers, lorsque la défense de cette ville a été l'objet de l'étonnement général. C'est avec des débris misérables que j'avais à combattre contre toutes les forces réunies des armées alliées; c'est dans des positions prises à la hâte, où aucune défense n'avait été préparée, et avec huit mille hommes, que j'ai résisté pendant huit heures à quarante-cinq mille hommes qui furent successivement engagés contre moi; et c'est un fait d'armes semblable, si honorable pour ceux qui y ont pris part, que l'on ose traiter de trahison!

Après l'affaire de Reims, l'empereur Napoléon opérait avec presque toutes ses forces sur la Marne, et s'abandonnait à l'illusion que ses mouvemens, menaçant les communications de l'ennemi, l'ennemi effectuerait sa retraite, lorsqu'au contraire celui-ci avait résolu, après avoir opéré la jonction de l'armée de Silésie avec la grande armée, de marcher sur Paris. Mon faible corps d'armée, composé de 3500 hommes d'infanterie et de 1500 chevaux, et celui du duc de Trévise, fort d'environ 6 à 7000 hommes, furent laissés sur l'Aisne, pour contenir l'armée de Silésie, qui n'en était séparée que par cette rivière, et qui, depuis la jonction du corps de Bulow et de divers renforts, étoit forte de plus de 80,000 hommes.

L'armée ennemie passa l'Aisne, et nous força à nous replier. Mes instructions étant de couvrir Paris, nous nous retirâmes sur Fismes, et nous adoptâmes, le duc de Trévise et moi, un système d'opérations qui, sans nous compromettre, devait retarder la marche de l'ennemi : c'était de prendre successivement de fortes positions que l'ennemi ne pût attaquer sans les avoir reconnues ou sans avoir manœuvré pour les tourner ; ce qui nous préparait aussi les moyens de battre quelques-uns des détachemens qu'il aurait faits. Des ordres vinrent de nous diriger à marches forcées sur Châlons. Nous les exécutâmes ; mais arrivés à Vertus, nous fûmes informés que la plus grande partie de l'armée ennemie occupait Châlons, tandis qu'une autre débouchait sur Épernay, et que le corps de Kleist, qui nous avait suivis, passait la Marne à Château-Thierry, et apprenant en même temps que Napoléon était encore devant Vitry, et avait une arrière-garde à Sommepuis, nous marchâmes, sans perdre un moment, pour le rejoindre ; et, le 24 mars, je pris position à Sondé. Je croyais encore l'armée française à portée; car, qui eût pu croire en effet au passage de la Marne sans avoir un pont, et que l'Empereur Napoléon eût laissé entre Paris et lui des forces huit fois plus considérables que celles qu'il pouvait rassembler ? Le 25 au matin, à peine avais-je acquis la certitude de ce mouvement, que toute l'armée ennemie déboucha sur moi. Je me retirai en canonnant l'ennemi, et toute la retraite se fût faite avec le même ordre, si quelques troupes, malheureusement restées à Bussy-l'Estrée et à Vatry, ne s'étaient trouvées ainsi en arrière de nous. Il fallut les attendre pendant une heure à Sommesous, et nous soutenir contre des forces colossales, dont le nombre croissait toujours. Le passage des défilés nous fit éprouver quelques pertes, et nous terminâmes la journée en prenant position sur les hauteurs d'Allement près de Sézanne. Je ne parle pas de la division du général Pacthod, qui, d'après des ordres directs de l'Empereur, manœuvrait pour son compte, donna dans l'armée ennemie, et fut prise sans que j'eusse connaissance de son existence.

Le lendemain nous prîmes position de bonne heure au défilé de Tourneloup. L'ennemi arrivant, nous continuâmes notre retraite, et je fis l'arrière-garde. Arrivés le soir devant la Ferté-Gaucher, nous trouvâmes le corps de Kleist occupant cette ville, et

à cheval sur la grande route de Coulommiers, tandis
qu'un gros corps de cavalerie dépassait la gauche
de l'armée ennemie. Notre position était critique ;
elle était presque désespérée. Nous nous en tirâmes
par un bonheur inoui. Quelques troupes du duc de
Trévise couvrirent notre mouvement contre le corps
de Kleist ; une défense héroïque de mes troupes dans
le village de Moutis, arrêta l'avant-garde ennemie ; la
nuit arriva, et nous effectuâmes notre mouvement
sans faire aucune perte. Comme nous ne pouvions
plus reprendre la route de Meaux, nous suivîmes celle
de Charenton, et le 29 au soir nous occupâmes Charenton, Saint-Mandé et Charonne.

Le duc de Trévise fut chargé de la défense de Paris, depuis le Canal jusqu'à la Seine, et moi, depuis
le canal jusqu'à la Marne. Mes troupes étaient réduites
à 2400 hommes d'infanterie, et 800 chevaux. C'était
le peu d'hommes qui avaient échappé à une multitude
de glorieux combats. On mit sous mes ordres les
troupes que commandait le général Compans : c'é-
taient des détachemens de divers dépôts de vétérans
et de troupes de toute espèce, qui avaient été réunis
plutôt pour faire nombre que pour combattre ; ainsi
toutes mes forces consistaient en 7400 hommes d'infanterie, de 70 bataillons différens, et environ 1000
chevaux. Je me portai au jour sur les hauteurs de
Belleville ; de là, je me hâtai d'arriver à celles de Romainville, qui était la clef de la position, et que le
général Compans, en se retirant de Claye, avait omis
d'occuper ; mais l'ennemi y était déjà, et ce fut dans

le bois de Romainville que l'affaire s'engagea. L'ennemi s'étendit par sa droite et par sa gauche. Il fut partout contenu et repoussé; mais son nombre allait toujours croissant. Plusieurs mélées d'infanterie avaient eu lieu, et plusieurs soldats avaient été tués à côté de moi à coups de baïonnettes, à l'entrée du village de Belleville, lorsque Joseph m'envoya par écrit l'autorisation que j'ai entre les mains de capituler. Il était dix heures; à onze, Joseph était déjà bien loin de Paris; et à trois heures je combattais encore; mais à cette heure, ayant depuis long-temps la totalité de mon monde engagé, et voyant encore 20,000 hommes qui allaient entrer de nouveau en ligne, j'envoyai divers officiers au prince de Schwartzenberg, pour lui faire connaître que j'étais prêt à entrer en arrangement.

Un seul de mes officiers put parvenir, et, certes, je ne l'avais pas envoyé trop tôt; car, lorsqu'il revint, le général Compans ayant évacué les hauteurs de Pantin, l'ennemi s'était porté dans la rue de Belleville, mon seul point de retraite. Je l'en avais chassé, en chargeant moi-même, à la tête de quarante hommes, sa tête de colonne, et assurant ainsi le retour de mes troupes; mais je me trouvais presque acculé aux murs de Paris. Les hostilités furent suspendues, et les troupes rentrèrent dans les barrières. L'arrangement écrit, qui a été publié dans le temps, ne fut signé qu'à minuit.

Le lendemain matin les troupes évacuèrent Paris.

et je me portai à Essonne, où je pris position. J'allai
voir l'empereur Napoléon à Fontainebleau. Il me pa-
rut juger enfin sa position, et disposé à terminer une
lutte qu'il ne pouvait plus soutenir. Il s'arrêta au projet de se retrancher, de réunir le peu de forces qui lui
restait, de chercher à les augmenter, et de négocier.
C'était la seule chose raisonnable qu'il eût à faire, et
j'abondai dans son sens. Je repartis aussitôt pour faire
commencer les travaux de défense que l'exécution de
ce projet rendait nécessaires. Ce même jour, 1er avril,
il vint visiter la position, et là il apprit, par le retour des officiers que j'avais laissés pour la remise des
barrières, la prodigieuse exaltation de Paris, la dé-
claration de l'empereur Alexandre, et la révolution
qui s'opérait. En ce moment, la résolution de sacri-
fier à sa vengeance le reste de l'armée fut prise : il ne
connut plus rien qu'une attaque désespérée, quoi-
qu'il n'y eût plus qu'une seule chance de succès en sa
faveur, avec les moyens qui lui restaient : c'étaient
seulement de nouvelles victimes offertes à ses passions.
Dès-lors tous les ordres, toutes les instructions, tous
les discours furent d'accord avec ce projet, dont
l'exécution était fixée au 5 avril.

Les nouvelles de Paris se succédaient fréquemment.
Le décret sur la déchéance me parvint. La situation
de Paris et celle de la France étaient déplorables ; et
l'avenir offrait les résultats les plus tristes, si la chute
de l'empereur ne changeait pas ses destinées en fai-
sant sa paix morale avec toute l'Europe, et n'amor-
tissait pas les haines qu'il avait fait naître.

Les alliés, soutenus par l'insurrection de toutes les grandes villes du royaume, maîtres de la capitale, n'ayant plus en tête qu'une poignée de braves qui avaient survécu à tant de désastres, proclamaient partout que c'était à Napoléon seul qu'ils faisaient la guerre. Il fallait les mettre subitement à l'épreuve, les sommer de leur parole, et les forcer à renoncer à la vengeance dont ils voulaient rendre victime la France; il fallait que l'armée redevînt nationale, en adoptant les intérêts de la presque totalité des habitans qui se déclaraient contre l'empereur et appelaient à grands cris une révolution salutaire qui occasionerait leur délivrance. Tout bon Français, de quelque manière qu'il fût placé, ne devait-il pas concourir à un changement qui sauvait la patrie et la délivrait d'une croisade de l'Europe entière armée contre elle, de la partie de l'Europe même possédée par la famille de Napoléon? S'il eût été possible de compter sur l'union de tous les chefs de l'armée; s'il n'eût pas été probable que les intérêts particuliers de quelques-uns croiseraient les mesures les plus généreuses et les plus patriotiques; si le moment n'eût pas été si pressant, puisque nous étions au 4 avril, et que c'était le 5 que devait avoir lieu cette action désespérée, dont l'objet était la destruction du dernier soldat et de la capitale, c'était au concert des chefs de l'armée qu'il fallait recourir; mais, dans l'état actuel des choses, il fallait se borner à assurer la libre sortie de différens corps de l'armée, pour les détacher de l'empereur et neutraliser ses projets, et les réunir aux autres troupes françaises qui étaient éloignées de lui,

Tel fut donc l'objet des pourparlers qui eurent lieu avec le prince de Schwartzenberg. En même temps que je me disposais à informer mes camarades de la situation des choses et du parti que je croyais devoir prendre, le duc de Tarente, le prince de la Moskowa, le duc de Vicence et le duc de Trévise arrivèrent chez moi à Essonne. Les trois premiers m'apprirent que l'empereur venait d'être forcé à signer la promesse de son abdication, et qu'ils allaient, à ce titre, négocier la suspension des hostilités. Je leur fis connaître les arrangemens pris avec le prince de Schwartzenberg, mais qui n'étaient pas complets, puisque je n'avais pas encore reçu la garantie écrite que j'avais demandée, et je leur déclarai alors que, puisqu'ils étaient d'accord pour un changement que le salut de l'Etat demandait, et qui était le seul objet de mes démarches, je ne me séparerais jamais d'eux.

Le duc de Vicence exprima le désir de me voir les accompagner à Paris, pensant que mon union avec eux, d'après ce qui venait de se passer, serait d'un grand poids; je me rendis à ses désirs, laissant le commandement de mon corps d'armée au plus ancien général de division, lui donnant l'ordre de ne faire aucun mouvement, et lui annonçant mon prochain retour. J'expliquai les motifs de mon changement au prince de Schwartzenberg, qui, plein de loyauté, les trouva légitimes et sans réplique, et je remplis la promesse que j'avais faite à mes camarades dans l'entretien que nous eûmes avec l'empereur Alexandre. A huit heures du matin, un de mes aides de camp arriva , et m'annonça que, contre mes ordres formels , et malgré ses plus instantes représentations , les généraux avaient mis les troupes en mouvement pour Versailles à quatre heures du matin , effrayés qu'ils étaient des dangers personnels dont ils croyaient être menacés , et dont ils avaient eu l'idée par l'arrivée et le départ de plusieurs officiers d'état-major venus de Fontainebleau. La démarche était faite , et la chose irréparable.

Tel est le récit fidèle et vrai de cet événement, qui a eu et aura une si grande influence sur toute ma vie.

L'Empereur , en m'accusant, a voulu sauver sa gloire, l'opinion de ses talens , et l'honneur des soldats. Pour l'honneur des soldats , il n'en était pas besoin ; il n'a jamais paru avec plus d'éclat que dans cette campagne ; mais pour ce qui le concerne , il ne trompera aucun homme sans passion ; car il serait impossible de justifier cette série d'opérations qui ont marqué les dernières années de son règne.

Il m'accuse de trahison ! Je demande où en est le prix ? J'ai rejeté avec mépris toute espèce d'avantages particuliers qui m'étaient offerts pour me placer volontairement dans la catégorie de toute l'armée. Avais-je des affections particulières pour la maison de Bourbon ? D'où me seraient-elles venues , moi qui ne suis entré dans le monde que peu de temps avant le moment où elle a cessé de gouverner la France ? Quelle que fût l'opinion que j'eusse pu me faire de l'esprit supérieur du roi, de sa bonté, et de celle des

princes, elle était bien loin de la réalité ; ce charme
que l'on trouve près d'eux m'était inconnu , et n'avait
pas fait naître les engagemens sacrés qui me lient à
eux aujourd'hui , et que les malheurs actuels, si peu
mérités , resserrent davantage encore ; engagemens
sacrés ; car , pour les gens de cœur, les égards et les
témoignages d'estime valent mille fois mieux que les
bienfaits et les dons.

Où donc est le principe de mes actions ? dans un
ardent amour de la patrie , qui a toute la vie maîtrisé
mon cœur et absorbé toutes mes idées. J'ai voulu sauver la France de la destruction, j'ai voulu la préser-
ver des combinaisons qui devaient entraîner sa ruine ;
de ces combinaisons si funestes , fruit des plus étranges
illusions de l'orgueil , et si souvent renouvelées en
Espagne, en Russie et en Allemagne , et qui promet-
taient une épouvantable catastrophe, qu'il fallait s'em-
presser de prévenir.

Une étrange et douloureuse fatalité a empêché de
tirer du retour de la maison de Bourbon tous les avantages qu'il était permis d'en espérer pour la France ;
mais cependant on leur a dû la fin prompte d'une
guerre funeste , la délivrance de la capitale et du
royaume, une administration douce et paternelle, et
un calme et une liberté qui nous étaient inconnus.
Quelques jours encore , et cette liberté si chère, si
nécessaire à tous les Français, était consolidée pour
toujours.

Les étrangers étaient perdus sans ressource, dit-on, et c'est moi qu'on accuse de les avoir sauvés ! Je suis leur libérateur, moi qui les ai toujours combattus avec autant d'énergie que de constance, dont le zèle ne s'est jamais ralenti un moment ; moi qui, après avoir attaché mon nom aux succès les plus marquans de la campagne, avais déjà une fois préservé Paris, par les combats de Meaux et de Lisy. Disons-le : celui qui a si fort aidé les étrangers dans leurs opérations, et rendu inutile le dévouement de tant de bons soldats et d'officiers instruits, c'est celui qui, avec 300,000 hommes, a voulu garder et occuper l'Europe depuis la Vistule jusqu'à Cattaro et à l'Ebre, tandis que la France avait à peine, pour la défendre, 40,000 soldats réunis à la hâte ; et les libérateurs de la France, ce sont ceux qui, comme par enchantement, l'ont délivrée de la croisade dirigée contre elle, et assuré le retour de 250,000 hommes éparpillés dans toute l'Europe, et de 150,000 prisonniers, qui font aujourd'hui sa force et sa puissance.

J'ai servi l'empereur Napoléon avec zèle, constance et dévouement pendant toute ma carrière, et je ne me suis éloigné de lui que pour sauver la France, et lorsqu'un pas de plus allait la précipiter dans l'abîme qu'il avait ouvert. Aucun sacrifice ne m'a coûté lorsqu'il a été question de la gloire ou du salut de mon pays, et cependant que de circonstances les ont rendus quelquefois pénibles et douloureux ! Qui jamais fit plus que moi abnégation de ses intérêts personnels, et fut plus maîtrisé par l'intérêt général ? Qui jamais paya plus d'exemple dans les souffrances, dans les dangers, dans les privations? qui montra dans toute sa vie plus de désintéressement que moi? Ma vie est pure; elle est celle d'un bon citoyen; et on voudrait l'entacher d'infâmie! Non, tant de faits honorables dans une si longue suite d'années démentent tellement cette accusation, que ceux dont l'opinion est de quelque prix refuseront toujours d'y croire.

Quelle que soit la destinée qui m'est réservée, que ma vie entière se passe dans la proscription, ou qu'il me soit encore permis de servir la patrie, que j'y sois rappelé ou que je sois repoussé de son sein, mes vœux pour sa gloire et pour son bonheur ne varieront jamais; car l'amour de la patrie a été et sera toujours la passion de mon cœur; et le roi a bien connu mes sentimens et rendu justice à la droiture de mes intentions, lorsqu'il a daigné ajouter à mes armes la devise *Patriæ totus et ubique*, qui fait en peu de mots l'histoire de toute ma vie.

Gand, le premier avril 1815.

LE MARÉCHAL DUC DE RAGUSE.

Le Sénat avait-il le droit de prononcer la déchéance de Napoléon? NON.

===

PIÈCES RELATIVES A L'ADHÉSION DU MARÉCHAL DUC DE RAGUSE.

Lettre du prince Schwarzenberg, comamndant en chef les troupes des puissances alliées, à S. Exc. le maréchal duc de Raguse.

Le 3 avril.

MONSIEUR LE MARÉCHAL,

J'ai l'honneur de faire passer à V. Ex., par une personne sûre, tous les papiers publics et documens nécessaires pour mettre parfaitement V. Exc. au courant des événemens qui se sont passés depuis que vous avez quitté la capitale, *ainsi qu'une invitation des membres du gouvernement provisoire, à vous ranger sous les drapeaux* DE LA BONNE CAUSE FRANÇAISE. Je vous engage, au nom de votre patrie et de l'humanité, à écouter des propositions qui doivent mettre un terme à l'effusion du sang précieux des braves que vous commandez.

Réponse du duc de Raguse.

MONSIEUR LE MARÉCHAL,

J'ai reçu la lettre que V. A. m'a fait l'honneur de m'écrire, ainsi que tous les papiers qu'elle renfermait. L'opinion publique a toujours été la règle de ma conduite. L'armée et le peuple se trouvant déliés du serment de fidélité envers l'Empereur Napoléon, PAR LE DÉCRET DU SÉNAT, je suis disposé à concourir à un rapprochement entre l'armée et le peuple, qui doit prévenir toute chance de guerre civile et arrêter l'effusion du sang; en conséquence, JE SUIS PRÊT A QUITTER (*avec mes troupes*) (1), l'armée de l'Empereur Napoléon, aux conditions suivantes, dont je vous demande la garantie par écrit.

Copie de la garantie demandée et accordée.

Art. 1er. Moi, Charles, prince de Schwarzenberg, maréchal et commandant en chef les armées alliées, je garantis à toutes les troupes françaises, qui, par suite du décret du Sénat, du 2 avril, quitteront les drapeaux de Napoléon Bonaparte, qu'elles pourront se retirer librement en Normandie, avec armes,

---

(1) A leur arrivée à Versailles, les alliés qui composaient la garnison, furent obligés de rentrer dans leurs casernes, et ils n'en sortirent que lorsque l'armée sous ses ordres fut en route pour Beauvais. Ces troupes partageaient si peu les sentimens de leur général, qu'elles manquèrent de l'immoler à leur vengeance : il fut obligé de se rendre *incognito* à Paris.

bagages et munitions, et avec les mêmes égards et honneurs militaires que les troupes alliées se doivent réciproquement.

2. Que si, par suite de ce mouvement, les événemens de la guerre faisaient tomber entre les mains des puissances alliées, la personne de Napoléon Bonaparte, sa vie et sa liberté lui seraient garanties dans un espace de terrain et dans un pays circonscrit, au choix des puissances alliées et du gouvernement français.

Réponse de M. le maréchal prince de Schwartzenberg.

MONSIEUR LE MARÉCHAL,

Je ne saurais assez vous exprimer la satisfaction que j'éprouve en apprenant l'empressement avec lequel vous vous rendez à l'invitation du *Gouvernement provisoire*, DE VOUS RANGER, conformément au décret du 2 de ce mois, sous les bannières de la cause française.

LES SERVICES DISTINGUÉS QUE VOUS AVEZ RENDUS A VOTRE PAYS *sont reconnus généralement*, mais vous y mettez le comble en rendant à leur patrie le peu de braves échappés à l'ambition d'un seul homme.

Je vous prie de croire que j'ai surtout apprécié la délicatesse de l'article que vous demandez et que j'accepte, relativement à la personne de Napoléon. Rien ne caractérise mieux cette belle générosité naturelle aux Français, et qui distingue particulièrement le caractère de votre excellence.

Agréez les assurances de ma haute considération.

A mon quartier général, le 4 avril 1814.

Signé, SCHWARTZENBERG.

ORDRE DU JOUR. — 6° *Corps d'armée.*

SOLDATS,

Depuis trois mois vous n'avez cessé de combattre, et depuis trois mois les plus glorieux succès ont couronné vos efforts; ni les périls, ni les fatigues, ni les privations n'ont pu diminuer votre zèle, ni réfroidir votre amour pour la patrie. La patrie reconnaissante vous remercie par mon organe, et vous saura gré de tout ce que vous avez fait pour elle. Mais le moment est arrivé, soldats, *où la guerre que vous faisiez est devenue sans but comme sans objet;* c'est donc pour vous celui du repos. Vous êtes les soldats de la patrie; ainsi c'est l'opinion publique que vous devez suivre, et C'EST ELLE QUI M'A ORDONNÉ *de vous arracher* à des dangers désormais inutiles, pour conserver votre noble sang, que vous saurez répandre encore lorsque la voix de la patrie et l'intérêt public réclameront vos efforts. De bons cantonnemens et mes soins paternels vous feront oublier bientôt, j'espère, jusqu'aux fatigues que vous avez éprouvées.

Fait à Paris, le 5 avril 1814. *Signé*, le maréchal duc DE RAGUSE. Pour copie conforme, *le général, chef d'état-major général,* Baron MEYNADIER.

www.ingramcontent.com/pod-product-compliance
Lightning Source LLC
Chambersburg PA
CBHW061815040426
42447CB00011B/2666